完美女孩
成長故事

新雅文化事業有限公司
www.sunya.com.hk

一份送給孩子
的成長禮物

　　著名心理學家勞倫斯‧科爾伯格指出：兒童在很早的時候就顯示出行為的性別特徵，並且隨着其性別概念和性別角色知識的發展，他們會更有意識地採納和選擇符合自身性別的角色行為。

　　為了幫助我們的孩子成長為更傑出、更完美的男孩與女孩，我們從他們的性別特徵入手，從父母的期望出發，充分結合現代社會對男孩和女孩的要求，編寫了這套叢書。送給男孩的書，用他們崇拜的人物故事和他們嚮往的生活方式告訴他們，如何成為一個獨立堅強、機智勇敢、誠實守信的男子漢；送給女孩的書，用那些和她們一樣擁有夢想的女孩故事，使她們知道，只要具備了堅強、樂觀、誠實、善良的品格，每個女孩都會成為夢幻城堡裏的公主。

　　每個孩子都是一顆神奇的種子，只要我們用心培養、正確引導，他（她）終究會長成一棵參天的大樹。

中國兒童教育研究所　陳勁

前言

感受
完美女孩的美麗人生

　　每個女孩的心中都有這樣一個夢想——變得更加完美，毫無瑕疵，就像那些童話故事裏的女孩一樣。可你知道嗎？完美不只是漂亮的衣服、美麗的外表。一個真正完美的女孩，需要擁有一顆高貴善良的心；一個真正完美的女孩，一定是勤勞、孝順、懂禮貌的；一個真正完美的女孩，當然也很聰明、很堅強、很勇敢。

　　為了幫助我們的孩子成為一個真正完美的、出類拔萃的女孩，我們從古今中外的童話故事和民間傳說中精心挑選了30多個動人的故事。其中有善良的白雪和紅玫，有懂事的格林琴，也有聰明的法蒂瑪和堅強的格爾達，還有勇敢的小泰萊莎……

　　我們希望，當孩子們翻看這本書的時候，能盡情地和故事中這些完美的女孩交談，收獲快樂和美好。

目錄

第四章　勇敢女孩

第一章

善良女孩

　　親愛的女孩們，你們知道嗎？要想成為完美的女孩，首先要向童話裏的女孩們學習一樣東西，那就是擁有一顆善良的心。就像美麗的白雪和紅玫一樣，冬夜讓黑熊到家裏來烤火取暖；就像可愛的花仙子一樣，為人們帶來溫暖的春天，帶來歡樂和幸福；就像美麗的珍妮一樣，用自己的善良為男孩送上健康……

信任黑熊的姊妹
白雪與紅玫

　　從前有一位寡婦，她住在一座偏僻的農舍裏。寡婦有兩個漂亮可愛的女兒，一個叫白雪，一個叫紅玫。姊妹倆生性善良，常常幫助別人。

　　一個寒冷的冬夜，姊妹倆和母親正坐在火堆旁休息，忽然聽到一陣敲門聲。母親説：「紅玫，快去開門，一定是求宿的過客。」紅玫拔開門栓，大吃一驚，來的不是人，而是一頭黑熊！

　　就在這時，黑熊把牠那大大的腦袋探進門裏。紅玫尖叫一聲，跑了回來，白

雪則嚇得躲在母親身後。

「別害怕，我不會傷害你們。我太冷了，只想進來暖一暖。」黑熊説道。

「可憐的熊，」母親説，「到火邊來吧，小心別燒着你的皮毛。」姊妹倆走了出來，把黑熊身上的雪拍打得乾乾淨淨。黑熊心滿意足地躺在火堆旁，直到天亮才走。

從此以後，黑熊每天晚上都會來，姊妹倆都會友好地照顧黑熊。很快，春天來了。一天早上，黑熊對白雪説：「我要走了，我必須到森林裏去守護我的財寶，以防那些可惡的小矮人把它們偷走。」

後來，有一天，姊妹倆在森林裏拾柴枝時看到一個小矮人正往空地上挖寶石。晚霞照在寶石上，耀眼無比，姊妹倆都看呆了。

小矮人發現了她們，罵道：「看什麼，兩個傻丫頭！」

就在這時，只聽到一聲咆哮，一頭黑熊撲了過來。小矮人沒來得及逃走，只得心驚膽戰地哀求說：「親愛的熊先生，你饒了我吧！我把所有的財寶都還給你！看，地上這些寶石多漂亮！饒了我吧！你不會吃我這把瘦骨頭吧？我還不夠你塞牙縫呢！快去抓那兩個可惡的臭丫頭，她們正好夠你美美地吃一頓！」

黑熊才不聽他那一套，一掌把可惡的小矮人打倒在地上。小矮人掙扎了幾下，就不動了。

姊妹倆嚇得拔腿就跑，黑熊在後面喊道：「白雪、紅玫，別害怕！」她們倆覺得這把聲音很熟悉，回頭一看，發現黑熊變成了一位英俊的小伙子。

「我是一位王子，」小伙子説，「小矮人偷了我的珠寶，並用妖術把我變成了一頭熊，我一直找不到小矮人，只能整天在樹林間亂跑，直到他死了我才能解脱。」

後來，白雪嫁給了王子，紅玫嫁給了王子的弟弟。他們平分了小矮人藏在山洞中的大量財寶，和年老的母親一起過着幸福的生活。

為村民甘願犧牲

長髮妹

從前，有個侗族女孩名叫長髮妹，她和母親住在陡峭的高山上。山上沒有泉水，鄉親們飲水都要到很遠的小河裏去挑。這一年，天氣大旱，小河裏的水也快乾了。

一天，長髮妹背着竹筐去採豬草。她爬過了一座山，來到一個懸崖邊，看見一個大蘿蔔長在石壁上，葉子很是翠綠，非常可愛。她想：「如果把這個蘿蔔拔回家煮來吃，一定很香甜可口。」於是，她雙手抓住蘿蔔葉使勁地拔。當她拔出蘿蔔的時候，奇跡出現

了，長蘿蔔的小坑裏竟然冒出了一股清清的泉水。長髮妹正為這個發現高興時，只聽見「唰」的一聲，蘿蔔從她手裏飛了出去，仍舊扎在小坑裏，泉水再也流不出來了。

長髮妹呆呆地站在山崖邊，望着大蘿蔔，不明白發生什麼事。突然，颳起一陣大風，把她颳到一個漆黑的山洞裏。山洞裏住着一個樣貌嚇人的魔王，他惡狠狠地對長髮妹說：「泉水是我的，你要是把這個秘密說出去，我就殺了你。」

長髮妹悶悶不樂地回到村子裏，像變了另一個人似的，以前那個活潑可愛的長髮妹不見了。如今，長髮妹每天坐在村口的老榕樹下發呆、出神。母親問她發生了什麼事，她也不說話，只是一個勁兒地掉眼淚。慢慢地，長髮妹那一頭烏黑的長

髮竟然變成了白髮。母親見她這個樣子，很心痛，可是又不知道怎麼辦，也跟着她哭，後來竟然把眼睛哭瞎了⋯⋯

　　有一天，長髮妹看見一個白鬍子老爺爺從十幾里外的小河裏挑回一擔水，顫巍巍地在路上走着。突然，老爺爺一不小心跌倒了，水潑了出來。長髮妹趕緊扶起老爺爺，老爺爺顧不得腿上的鮮血，不停地念叨：「水、水⋯⋯」看着老爺爺的樣子，長髮妹難過極了。她忍不住哭道：「長髮妹，你是個怕死鬼啊！因為你怕死，田裏的莊稼才變枯、變黃！因為你怕死，村裏的人才沒水喝！因為你怕死，老爺爺才摔壞了腿⋯⋯」

　　於是，她大聲對老爺爺說：「老爺爺，前面高山的懸崖上有個大蘿蔔，只要我們拔掉蘿蔔，泉

水就會『嘩嘩』地流出來。」說完，她又跑回村裏，大聲喊道：「高山上有泉水，只要拔掉蘿蔔就有泉水了⋯⋯」

　　鄉親們聽了，連忙拿起扁擔和水桶，跟着長髮妹朝山上跑去。可是，就在人們拔蘿蔔時，一陣黑風吹來，把長髮妹捲走了。原來，魔王發現長髮妹說出了泉水的秘密，惱羞成怒，就把她抓走了。

　　魔王命令長髮妹躺在泉眼下，任憑泉水沖刷，否則就殺死全村的人。當長髮妹決定犧牲自己時，突然來了一位綠衣仙人。綠衣仙人折下榕樹的枝條做了一把弓箭，射死了魔王。鄉親們救下長髮妹，挑着泉水高興地回家了。不久，長髮妹的一頭白髮又變回了一頭黑髮。

千里迢迢救好友
格爾達

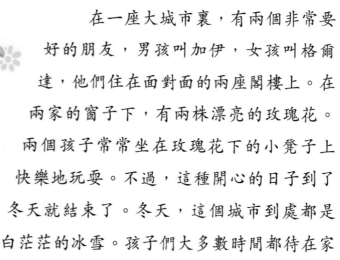

在一座大城市裏，有兩個非常要好的朋友，男孩叫加伊，女孩叫格爾達，他們住在面對面的兩座閣樓上。在兩家的窗子下，有兩株漂亮的玫瑰花。兩個孩子常常坐在玫瑰花下的小凳子上快樂地玩耍。不過，這種開心的日子到了冬天就結束了。冬天，這個城市到處都是白茫茫的冰雪。孩子們大多數時間都待在家裏，只是偶爾到外面去滑雪。

一個冬天的早上，加伊望着窗子外飛舞的雪花，問老祖母：「雪花裏面有王后嗎？就像每個蜂羣裏都有一個蜂后那樣。」

「當然。」老祖母說。「她飛到哪裏，雪花就會飛到哪裏。」

　　第二天，加伊背着雪橇去廣場上滑雪。他正玩得高興，一架大雪橇從遠處滑了過來。雪橇上坐着一個人，穿着厚厚的白袍子。當大雪橇滑過加伊身邊時，他伸出手，將自己的小雪橇繫在那架大雪橇上，跟着它一起向前滑去。大雪橇越滑越快，一直滑出了城門。加伊着急了，連忙去解繩子，想從那架大雪橇上擺脫開來，但一點用也沒有。大雪橇帶着他，風一樣向前滑去。雪花飛舞着，打在他的臉上、身上。不知過了多久，大雪橇終於停下來。那個駕雪橇的人站起來。那是一個女人，長得

又高又苗條，身上的衣服全是用雪花做成的，閃着耀眼的白光。她就是白雪王后。

「我們滑得很好。」白雪王后說着，在加伊的額頭吻了一下。這個吻比冰塊還要冷！它一直滲透到加伊的心裏，將他的心也變得像冰塊一樣冷，讓他完全忘掉了格爾達以及所有的一切！

隨後，白雪王后帶着加伊飛了起來。他們飛過樹林和湖泊，飛過大海和陸地……天亮的時候，他們來到一個冰冷的國度。加伊感到累極了，躺在白雪王后的腳下睡着了。

再說格爾達，她見加伊一直沒有回來，難過極了。她不知道他去了哪裏。男孩子們告訴她，他們看到加伊把自己的小雪橇拴到一架大雪橇上，滑出了城門。

「他一定是掉到城邊的那條河裏，淹死了。」他們對格爾達說，「我不相信。」格爾達說，「加伊不會死。我

一定會找到他的！」

於是，在一個清晨，格爾

達吻了吻還在熟睡的年老的祖

母，走出了家門。

　　她走過長長的山路，穿過幽暗的森

林，向花兒、向烏鴉、向鴿子，向她遇到的

任何事物打聽加伊的消息，卻始終沒有結果。她的

腳又痠又痛，衣服也破了。

　　「我是冬天離開家的，可現在已經是秋天了。加伊，

你到底在哪兒啊？」

　　這一天，格爾達遇到了一個小女孩。

　　「你為什麼來到這裏？」小女孩問格爾達。

　　「我在尋找加伊。」格爾達說着，把事情的經過說了

一遍。

　　「咕咕咕。」女孩養的斑鳩叫了起來。「我見過一個

男孩。他坐在白雪王后的雪橇上，飛向了遠方。」

　　「他們去了什麼地方，你知道嗎？」格爾達焦急地

問。

「他們大概是到拉普蘭去了。」斑鳩回答，「不過，具體情況你還是去問問那隻馴鹿吧。」

「是的。我知道，那兒整年都有冰雪，白雪王后就住在那兒。」聽完格爾達的詢問，馴鹿說。

「那你知道那個地方在哪兒嗎？」格爾達問馴鹿。

「當然，我就在那裏出生。」

「太好了！」格爾達叫起來。「你能讓牠帶我去那裏嗎？」她問小女孩。

「沒問題。」小女孩說着，拿出兩塊麵包和一塊大火腿遞給格爾達，「帶上它們，路上可以充饑。」接着，她拍了拍馴鹿的耳朵，說：「請好好照顧格爾達。」

馴鹿點了點頭，背起格爾達，飛奔起來。他們穿過樹林，越過沼澤地和大草原，終於來到了拉普蘭，來到了白雪王后的宮殿前。這裏冷極了。在一座冰湖邊，格爾達看到了加伊。他穿着單薄的衣服，臉凍得發青。不過他好像並不覺得冷，因為他的心比這冰湖還要冷。

格爾達衝過去，緊緊地摟住加伊，叫道：「加伊，親愛的加伊，我終於找到你了。」說着，她伏在加伊的肩膀

上哭了起來。她的眼淚浸濕了加伊的衣服，滲透到他的心裏，將那裏的冰雪融化了。

加伊漸漸認出了格爾達，他快樂地叫起來：「格爾達，這麼久，你到哪裏去了？」格爾達看着加伊，高興地一會兒哭，一會兒笑。她吻了吻加伊的臉龐，他的臉龐立刻變得紅潤起來；她又吻了吻加伊的手腳，於是，加伊又變得健康和活潑了。

他們手挽手走出白雪王后的宮殿。他們走到哪裏，哪裏就不再有風雪。在一片長滿紅色漿果的灌木叢邊，格爾達看到那隻馴鹿，牠正等着帶他們回家。

終於，他們又看到了那座小小的閣樓，看到了閣樓下的玫瑰。他們緊握雙手，在玫瑰下的凳子上坐了下來。這時正是夏天，是一個溫暖、愉快的夏天。

無私奉獻的神仙
花仙子

　　很久很久以前，人間突然遭遇了一場雪災，大地上到處都是白茫茫的積雪。大樹被厚厚的積雪壓彎了腰，花朵被寒冷的積雪凍壞了，小草被冷冷的寒風吹倒了，就連平時總愛歡笑的小河也因積雪變得沉默了。

　　突然有一天，一陣大風把花仙子從天上颳到了人間。花仙子是天上花王的女兒，她一個人負責管理天上的花園，因此常常感到很寂寞。這次她來到人間，看到人間的景象，高興極了，心想：「這下可自由了，我要好好地玩個痛快。」

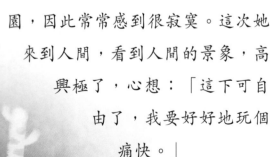

花仙子撢了撢身上的雪花，
正要坐在石頭上休息，忽然看見旁邊
有一棵枝繁葉茂的老樹被積雪壓得喘不過氣
來。老樹看見了花仙子，顫動着凍壞的樹枝
說：「小姑娘，救救我吧！大雪快把我壓死
了。」

　　花仙子熱情地說：「大樹爺
爺，別着急，我來幫你。」說着，
她連忙取出神奇的羽毛扇子。
不一會，她就用扇子把樹
上的積雪全吹到地上

了。老樹重新挺直了腰，露出了笑臉。

花仙子告別了老樹，才往前走了幾步，突然聽見一陣陣呻吟聲。原來是山花媽媽的孩子們快要被凍死了。

「山花媽媽，我來幫你。」花仙子邊說邊取下頭上的花冠，把花冠上五彩繽紛的花瓣撒在地上。不一會，大地上又重新長出了一叢叢美麗的山花。

花仙子向前走了幾步，野草媽媽又攔住了她：「小姑娘，救救我的孩子吧！冷風把我的孩子快吹死了。」

「野草媽媽，我來幫助你。」花仙子把綠布衫蓋在大地上。不一會，死去的野草又慢慢長出了綠葉。

　　花仙子沿着山路向一條小河走去，忽然聽見父親在天上呼喚自己。就在她準備返回天上時，鯉魚媽媽又向她發出了求救聲：「小姑娘，救救我的孩子吧！冰雪快把牠們凍死了。」

　　花仙子再也沒有東西可以送給鯉魚媽媽了，於是她躺在冰上，想用自己的體溫將冰融化。過了一會，小河上的冰融化了，魚兒復活了，而花仙子卻凍僵了。

　　鳥兒們看見，連忙把太陽請來。太陽撫摸着花仙子說：「善良的小姑娘，春天來了，快醒過來吧！」

　　花仙子慢慢蘇醒過來，向太陽行了個禮，說：「以後每年春天，我都會回到人間，把歡樂和幸福帶給人們。」

捨身保護小蜜蜂
泥姑娘

　　很久以前，有位巧手的老爺爺。一天，老爺爺用泥巴捏了一個小姑娘。老爺爺把小姑娘捏得漂亮極了，連他自己都說：「泥姑娘，泥姑娘，你可真漂亮啊！」

　　這天，天氣很好。老爺爺打開窗子，把泥姑娘放在窗台上，想讓她曬曬太陽、吹吹風。泥姑娘覺得舒服極了，她在心裏默默地說：「老爺爺，謝謝您！」

　　晚上，下起了大雨，泥姑娘正想從窗台上跳回屋子裏，忽然聽到一把細小的聲音：「哎喲，哎喲，誰來救救我呀？」

「咦，是誰在呼救呀？」窗外一片漆黑，泥姑娘什麼都看不見。這時，天空劃過一道閃電，泥姑娘看見了。原來，窗外的石榴樹下有一隻小蜜蜂，牠的翅膀沾了泥，飛不起來了。

「好可憐的小蜜蜂啊！我要去救牠，不然，牠會給大雨淋死的。」泥姑娘心裏很着急。幸好窗台旁邊有一株絲瓜，泥姑娘抓住絲瓜藤，慢慢地滑了下去。「小蜜蜂，別着急，我來幫助你！」泥姑娘一邊喊，一邊朝小蜜蜂跑去。

雨越下越大，地上的積水越來越多，雨水很快就滲到泥姑娘的身體裏去了，可是泥姑娘一點也不怕，她頂着風，冒着雨，找到了小蜜蜂，並把牠抱在懷

裏。這一幕被一個大石榴看見了，大石榴張開大嘴說道：「多麼善良的泥姑娘啊！」大石榴說話的時候，一顆石榴籽掉下來，正好落在泥姑娘的額頭上，黏住了。

泥姑娘抱着小蜜蜂趕緊往回跑。可是，她的身體越來越軟，她的腿越來越沒有力了。她費了很大的力氣才爬回窗台上，最後，她實在太累了，往窗台上一坐，就再也站不起來，變成了一堆稀泥。

第二天，雨停了，金色的陽光從窗外照射進來，照在小蜜蜂的身上。小蜜蜂醒過來，牠張開翅膀，繞着房子飛了三圈，都沒找到泥姑娘。忽然，牠看見那堆稀泥上有一顆鮮紅色的石榴籽，就一下子明白，原來救牠的那位泥姑娘已經變成稀泥了。

老爺爺一直站在門口看着小蜜蜂。他發現了窗台上的

稀泥和石榴籽，明白了是怎麼回事，心裏讚歎道：「多麼善良的泥姑娘啊！」

　　緊接着，老爺爺把這堆稀泥又捏了捏，重新捏了一個泥姑娘。這個泥姑娘比原來的更美麗。因為她的頭上嵌着一顆鮮紅色的石榴籽，就像鑲着一顆美麗的紅寶石。

為他人實現願望
珍妮

有一個小姑娘名叫珍妮。有一天，媽媽叫珍妮到麵包店去買甜甜圈。珍妮買了七個甜甜圈，把它們穿在一起，往回走去。她一邊走，一邊東張西望。就在這時，一隻小狗從後面跟過來，偷偷吃起了甜甜圈。等珍妮發現的時候，小狗已經吃光了最後一個甜甜圈，正得意地舔着嘴呢！

「你這隻饞嘴的狗！」珍妮氣得叫起來。小狗一見珍妮發怒了，轉身就跑，珍妮在牠的後面

緊緊追趕，追呀追呀，小狗跳過一個草堆，不見了。
珍妮也累壞了。她停下來一看，發現自己來到了一個陌生
的地方，周圍全是樹，連一個人影也沒有。珍妮害怕了，
急得哭了起來。忽然，不知道從哪兒走出來一個老婆婆，
她關切地問：「小姑娘，你為什麼哭啊？」

　　「我找不到家了。」珍妮哭着說。

　　「別哭了，小姑娘。」老婆婆說。「我這兒有一朵
『七色花』。你要是遇到困難，就撕下一片花瓣，說『飛
呀，小花瓣』，就能實現願望了。」說完，老婆婆就不見
了。

　　這時，天已經黑了。珍妮趕緊撕下一片紅色的花瓣，
說：「飛呀，小花瓣，帶我回家吧！」她剛說完，發現自
己已經站在院子裏了。

　　珍妮高興極了，想找個花瓶把花插起來，可一不小
心，花瓶掉到地上摔破了。這可是媽媽最喜歡的花瓶啊！

珍妮趕忙撕下一片綠色的花瓣，說：「飛呀，小花瓣，讓花瓶變回原來的樣子吧。」她剛說完，花瓶又像原來一樣了。

珍妮來到院子裏，看到男孩們正準備玩北極探險的遊戲，她也很想玩，可男孩們卻說：「女孩是不能去北極的。」

珍妮生氣了，說：「我偏要去。」說完，她撕下一片黃色的花瓣，說道：「飛呀，小花瓣，帶我到北極去。」話剛說完，她真的來到了北極。北極真冷啊！到處都是白茫茫的積雪，珍妮還穿着夏天的裙子，凍得渾身發抖。她趕緊撕下一片橙色的花瓣，說：「飛呀，小花瓣，快帶我回家吧。」話音剛落，她又回到了院子裏。

珍妮想：「還是玩玩具吧。」於是，她撕下一片青色的花瓣，說：「飛呀，小花瓣，我要很多很多的玩具。」剛說完，玩具就從四面八方湧來了，不一會就堆滿了院子。

　　「夠了，夠了！」珍妮叫了起來。可是，玩具還是源源不絕地湧進來。珍妮走到哪兒，它們就追到哪兒。珍妮嚇壞了，連忙撕下一片紫色的花瓣，說：「飛呀，小花瓣，讓玩具都回去吧。」滿院子的玩具立刻不見了。

　　這時，珍妮手中只剩下一片花瓣了。她心想：「這最後一片花瓣再也不能輕易浪費了。」

　　她來到大門口，看見一個男孩坐在輪椅上。珍妮問：「你為什麼不出去玩呢？」男孩傷心地說：「我的腿斷了，不能走路。」

　　「多可惜啊。」珍妮同情地看着小男孩。突然，她的眼前一亮：「對呀，不是還有一片花瓣嗎？」於是，珍妮小心地撕下最後一片藍色的花瓣，說：「飛呀，小花瓣，讓他的腿好起來吧。」

　　花瓣飛過男孩的頭頂，他一下子從輪椅上站起來，他拉着珍妮的手，跳啊，笑啊！他們玩得可高興了。

尋真愛甘受磨難
人魚公主

在大海的深處，住着海王一家。海王有六個漂亮的女兒，在她們之中，最小的那個是最美麗的。不過，和姊姊們一樣，小人魚公主沒有腿，下半身是一條魚尾。她最大的快樂就是聽那些關於陸地上人類的故事。她的老祖母不得不把自己知道的所有關於船隻、城市、人類和動物的故事説給她聽。

「等你十五歲時，」老祖母説，「你就可以浮到海面上去。」

「我多麼希望已經十五歲了！」小人魚公主説，「我知道我一定會喜歡上面的世界的。」

　　小人魚公主十五歲了，
她終於浮到海面上。海面上
停着一艘大船，水手們正在燃放煙花。甲板上站着一個黑
眼睛的年輕人。他是一位王子，今天是他的生日，那些煙
花就是為他燃放的。

　　夜已經很深了，但小人魚公主沒有辦法把眼睛從那位
王子的身上移開。就在這時，海的深處響起一陣轟隆隆的
聲音，烏雲從遠處湧來，可怕的大風暴來了！大船被風暴
掀翻了！王子被拋出船艙，沉向深深的水底。小人魚公主
知道，人類是不能生活在水裏的。她奮力向王子游去，將
王子拖到了岸上。

　　天亮後，風暴過去了。遠處，一個女子走了過來，小
人魚公主趕緊躲到岩石的後面。她看到，那個女子走近王
子，輕輕召喚着他。王子蘇醒過來，朝着那個女子微笑。

　　小人魚公主覺得很難過，她悲傷地跳進海裏。可是，
大海阻擋不了她對王子的思念。她漸漸愛上了人類，開始
盼望能夠生活在他們之間。

　　「只要能夠變成人，我願意放棄任何東西。」小人魚

公主心想。於是,她偷偷溜出宮殿,去拜訪海巫婆。她知道海巫婆一定有辦法幫助自己。

「你真是個傻孩子!」海巫婆說,「不過,我還是會幫助你!我可以煎一劑藥給你。喝下它,你的尾巴就會分成兩半,變成兩條像人類一樣的腿。凡是看到你的人,一定會說你是他們見過最美麗的女子。可只有你自己知道,你的每一步都像是踩在刀尖上。而且,假如你得不到那個王子的愛情,你將在他和別人結婚的第二天早上變成泡沫。你願意忍受這些嗎?」

「我願意。」小人魚公主回答。

「但你還是得給我酬勞!」海巫婆說,「在海底,你的聲音是最美的。你得把它交給我,作為報酬。」

小人魚公主答應了。於是,海巫婆割下了她的舌頭。現在,她成了一個啞巴。

小人魚公主離開海巫婆的家。遠遠的,她看到父親的宮殿。

不過，她不敢再去看親人們，她的心痛
得幾乎要碎了。

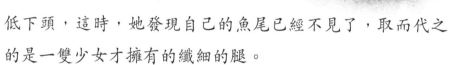

　　天還沒有亮，小人魚公主
來到王子的宮殿前，喝下藥
水。她感到好像有一柄刀子
劈開了她的身體，她痛得暈
了過去。太陽升起來了，小
人魚公主醒過來，王子正站在
她面前，溫柔地看着她。她羞澀地
低下頭，這時，她發現自己的魚尾已經不見了，取而代之
的是一雙少女才擁有的纖細的腿。

　　王子問她是誰，為什麼到這裏來，她卻只能用深藍色
的眼睛溫柔地望着他，因為她已經不能說話了。

　　王子挽起小人魚公主的手，帶她走進宮殿，命人為
她換上華麗的衣服。現在，她成了王宮裏最美麗的人。在
宮廷宴會上，她踮起腳尖，輕盈地跳着舞。那舞姿無比優
雅，所有的人都看得入了迷，可誰也不知道，她正忍受着
鑽心的疼痛，每一步都像是在鋒利的刀尖上行走。

　　王子一天比一天愛她，可卻從來也沒有想過要娶她。王子對她說：「有一次，我的船沉了，一個女子救了我，我要娶的人是她！」小人魚公主很想告訴王子，自己才是那個救他的人，可她無法說出來。後來，人們都在說，王子要結婚了，新娘是鄰國的公主。王子準備了一艘大船，帶着小人魚公主去拜訪他的新娘。

　　大船開進鄰國的港口。「是你！」王子一見到公主，就驚訝地叫起來，「是你救了我！」

　　教堂的鐘聲響起來，新郎和新娘挽着手，接受所有人的祝福。

　　小人魚公主倚在欄桿上，等待着晨曦的出現——她知道，清晨的第一道陽光會令她消失。

　　這時，她看到姊姊們從波濤中出現了，她們美麗的長髮已經不見了。

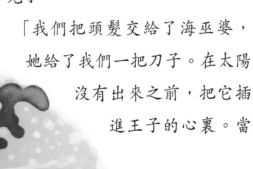

　　「我們把頭髮交給了海巫婆，她給了我們一把刀子。在太陽沒有出來之前，把它插進王子的心裏。當

他的熱血流到你的腳上時，你的雙腳會重
新變成魚尾。快動手吧！」隨後，她們發
出一聲深沉的歎息，潛入波濤裏去了。

　　小人魚公主走進新房，新郎正在夢中唸着新娘的名
字。刀子在小人魚公主的手裏微微發抖。突然，她轉過
身，將刀子遠遠地扔向海裏，然後縱身躍入大海。

　　太陽升起來了，温暖的陽光照在海面上。小人魚公主
覺得自己並沒有死，她看到了明亮的天空。

　　「三百年後，你將擁有一個不滅的靈魂！」天空中傳
來一把聲音。

為王子假裝啞巴
莎娜公主

從前，在一座古老的城堡裏生活着一個年老的國王和他的女兒——莎娜公主。老國王很疼愛女兒，所以對於她提出的各種要求都會答應。

一天晚上，莎娜公主夢見自己穿過森林來到一口枯井旁，並聽到井底有人呼喚着：「莎娜，莎娜，我在這裏……」

第二天，她把這個夢告訴了父王，並請父王為她尋找夢裏的枯井。老國王立刻派人四處尋找，大家先後找到了九口井，可都不是莎娜公主夢見的那口井。

就在莎娜公主失望的時候，一個獵人向國王報告說，在森林深處還有一口枯井。不過，傳說那裏非常危險，有許多可怕的野獸，所以很少有人會去。

莎娜公主聽說了，立刻想去森林深處尋找這口枯井，可國王不准心愛的女兒去那裏冒險。

怎麼辦呢？莎娜公主不想放棄尋找夢中的枯井，在某個清晨，她瞞着父王，一個人穿過森林，偷偷來到那口枯井旁。就在這時，井裏傳來一陣陣呼喚聲：「莎娜，莎娜，我在這裏……」

莎娜公主聽出這正是夢中出現過的聲音。她蹲下身，往井底看去，只見一個英俊的男子站在深深的井底。

「你是誰？怎麼會在枯井裏呢？」莎娜公主問。

「我是一個王子，被女巫施了魔法，囚禁在這裏。只有一個美麗的姑娘為我假裝四年的啞巴才能破解

魔法！」王子說完，呆呆地看着莎娜公主。

善良的莎娜公主聽了，立刻表示願意為王子假裝四年的啞巴。王子深情地望着莎娜公主，表示魔法解除後，一定會好好地報答她。

莎娜公主回到王宮，從此不再說一句話。老國王和宮女們發現，聰明可愛的莎娜公主竟然不說話了……時光飛逝，四年後，魔法破解了，王子來到老國王面前，講述了這個動人的故事，並要求迎娶公主。

老國王答應了。婚後，王子帶着莎娜公主回到自己的國家，一直過着幸福的生活。

窮姑娘愛心換來的
星星銀幣

　　從前，有一個小姑娘，她的父母很早就去世了。她很窮，沒有一間小屋可以讓她住下，沒有一張牀可以讓她躺下。事實上，除了身上穿的衣服和手上拿的一小塊麵包外，她什麼也沒有。就連那塊小麵包，也是一個好心人送給她的。小姑娘雖然很窮，但心地善良，待人誠懇。

　　一天，小姑娘遇見一位窮人。窮人對她說：「給我一點吃的吧，我餓得受不了了。」

　　小姑娘立刻把小麵包遞給他，說：「祝你好運！」說完便繼續向前走去。

　　不久，小姑娘又遇到一個孩子。他苦惱地說：「我的腦袋凍得吃不消啦，給我些什麼，讓我遮擋一下吧。」

　　小姑娘立刻脫下小帽遞給這個孩子。

　　小姑娘又往前走去。路上，她看見一個孩子沒穿夾衣，在風中冷得一直發抖。於是，她脫下自己的夾衣送給了那孩子。這時，天已經很晚了，星星都出來了。突然，這些星星紛紛落了下來。它們掉到地上，全都變成了硬梆梆、亮晶晶的銀幣。同時，小姑娘身上有了一件全新的衣服，那是用世界上最好的布料造的。小姑娘彎下腰，撿起星星銀幣裝在口袋裏。從此，她再也不用過窮苦日子了。她還把這些銀幣分給許多窮人呢！

為哥哥堅定不屈
艾麗莎

有一個國王和一個王后，他們
有十一個兒子和一個名叫艾麗莎的
女兒，全家人都過着幸福的生活。
可不久，王后死了，國王又娶了一
個新王后。那是一個惡毒的女人，
她把艾麗莎送到鄉下的一戶農民家
寄住。然後又施展魔法將十一個王
子變成了十一隻野天鵝。

　　轉眼間，艾麗莎十五歲了。她離開鄉下，回到王宮。
新王后見艾麗莎是那樣美麗，心中充滿了嫉妒。她很想把
艾麗莎也變成野天鵝，但她不敢馬上那樣做，因為國王想
見自己的女兒。於是，新王后把艾麗莎的全身都抹上棕黑

的核桃汁，又在她的臉上塗了一層發臭的油膏，還把她的頭髮揪成亂糟糟的一團。當國王看到艾麗莎時，根本認不出她就是自己的女兒。他驚叫道：「這不是我的女兒！快滾出去！」

可憐的艾麗莎哭了起來，她想起疼愛她的十一個哥哥，可他們在哪裏呢？她只好一邊流浪，一邊尋找哥哥們。太陽快下山了，艾麗莎來到一個沙灘。這時，她看見十一隻野天鵝從遠處飛來，降落在她的面前。隨着最後一縷陽光消失在海面上，這些天鵝的羽毛脫落了，變成了十一個英俊的王子。

「哥哥！」艾麗莎叫起來。哥哥們也認出了艾麗莎，把她緊緊地摟在懷裏。最大的哥哥告訴艾麗莎：「每天，只要太陽還掛在天上，我們就會變成野天鵝。只有等太陽下山了，我們才會恢復人形。」聽了哥哥們的遭遇，艾麗莎又哭起來。她多麼想解除哥哥們身上的魔法啊！

這天晚上，艾麗莎夢到一位仙女。仙女告訴她，只要

她能用蕁麻*織出十一件披風，將它們披到十一隻野天鵝的身上，魔法就能解除。「不過你要記住，從你開始工作起，到完成之前，你不能說一句話。如果你說出一個字，它就會像一把鋒利的短劍刺進你哥哥的胸膛。」說完，仙女就不見了。

艾麗莎醒過來，發現旁邊真的放着一捆蕁麻。她高興極了，立刻開始工作。那些可怕的蕁麻，就像火一樣刺人，把艾麗莎的手刺出許多水泡。但只要能救出哥哥們，她樂意忍受這些苦痛。

太陽下山了，哥哥們回來了。當他們看到艾麗莎的手時，立即知道她是在為他們受難。最小的哥哥不禁哭起來，他的淚珠滴到艾麗莎的手上，水泡神奇地消失了。

一天早上，鄰國的國王在打獵時發現了艾麗莎。他立即被艾麗莎的美貌吸引了，將她帶回王宮，並娶了她做王

＊蕁麻：蕁粵音尋。麻的一種，長於山野，莖葉有毛，
　能分泌毒液，使人發疹。

后。可艾麗莎並沒有一絲高興,她的心中充滿悲哀。

這天晚上,國王將艾麗莎帶到一個房間,房間裏鋪滿綠色的毛氈,地板上還擱着一捆蕁麻。那些織好的披風就掛在天花板上。看到這些,艾麗莎終於露出了笑容。

國王深深地愛着艾麗莎,艾麗莎也全心全意地愛着國王。她多麼想向國王表達自己的愛意,同時向他吐露自己的痛苦!可為了拯救哥哥們,她只能保持沉默。每到半夜,她都會偷偷溜到那個放着蕁麻的房間,一件一件地織着披風。

當她織到第七件披風的時候,蕁麻用完了。艾麗莎知道,在教堂的墓地裏長着許多蕁麻。於是,她偷偷來到墓地採摘蕁麻。誰知,這一切都被大主教發現了。他將這些全都告訴給國王,

還説艾麗莎是女巫。不過,國王並不相信。

當織到最後一件披風時,又不夠蕁麻了。艾麗莎必須再到墓地一趟。這次,國王和大主教偷偷地跟在她的後面。他們看到她來到教堂的墓地,隨後就不見了。

「讓民眾來裁判她吧!」國王傷心地説。

人們像潮水一樣湧向城門,要看看這個巫婆被火燒死。艾麗莎坐在囚車裏,她頭髮蓬鬆,臉上沒有一絲血色,雙手卻還在不停地忙碌。

人們憤怒了,説:「看這個巫婆,還在忙着弄那可憎的妖物,把它搶過來吧!」人們向艾麗莎湧過去,想把她手中的東西撕成碎片。這時,十一隻天鵝飛過來,緊緊地保護着艾麗莎。艾麗莎急忙把披風拋向空中。天鵝不見了,出現在人們面前的是十一位英俊的王子。

「現在我可以開口說
話了！」艾麗莎說，「我是無
罪的！」說完這句話，她就昏了過
去。眾人見了，都不禁在她面前彎下腰
來，好像是在面對一位天使。

　　「是的，她是無罪的！」最大的王子說。他把所有的
事情都說給大家聽。當他說話的時候，柴堆上的每根木頭
都冒出青翠的枝椏*，不一會就開滿紅色的玫瑰。國王摘
下其中最美的一朵，把它插在艾麗莎的胸前。艾麗莎醒過
來，她看着國王和哥哥們，心中充滿了欣慰與幸福。

*椏：粵音鴉。即樹杈。

解救缺水的鄉親
椰子姑娘

　　相傳很久以前，台灣只有高山，沒有河流。泉水也埋在很深很深的地底下，無法流出，人們只能用器皿來盛載雨水喝。遇到乾旱，天不下雨時，人們只好到海邊去喝那又苦又澀的海水。有些年老體弱的人，因為沒有水喝而活活渴死了。

　　這年，台灣又發生了乾旱，連續半年沒有下雨，渴死的人不計其數。有個名叫椰子的年輕姑娘，家住在台灣

西部離海邊不遠的地方。她看到因缺水而失去了那麼多生命，心裏非常難過。為了讓人們能喝水，她拿着鋤頭到海邊挖井。她挖呀挖呀，一直挖了七七四十九天，手掌都磨破了，終於挖了好大一個坑，可坑裏沒有冒出一點泉水來。

一天，海神來到她面前，説：「姑娘，像你這樣挖井，就算挖到死，也挖不出泉水來喲！」

椰子姑娘一聽，難過極了，她眼淚汪汪地説：「難道就這樣眼睜睜地看着鄉親們渴死嗎？」

海神説：「要讓人們有清水喝，辦法倒是有的，那要看姑娘肯不肯做了！」椰子姑娘一聽到有辦法，急忙説：「只要能解救苦難的鄉親們，就算付出生命，我也願意！」

　　海神見椰子姑娘這樣堅
決，就從懷裏掏出一個綠色的
果子，說道：「你把這個果子
吃下，人們就有清水喝了。」

　　椰子姑娘吃了果子後，
立刻變成一隻美麗的大孔雀。她覺得口渴極了，一
頭扎進跟前那個大坑裏，用長長的尖嘴使勁啄着泥
沙。她啄啊，啄啊，直到嘴和頭都鑽進很深很深的
地下，才喝到了清涼的泉水。椰子姑娘想把泉水
含在嘴裏帶回地面給人們解渴，可是她的頭卻
拔不出來了。最後，她一着急，變成了一棵
大樹：上身變成了高大的樹桿，尾巴變成
了婆娑的樹枝，頭和嘴變成吸水的樹根。吸
飽水以後，這棵大樹就結出很多裝滿清涼汁
液的果子。人們口渴時，只要摘下樹上的果子，喝着裏邊
的汁液，就能解渴了。因為這棵樹是椰子姑娘變的，所以
人們都叫它椰子樹，把它結的果子叫做椰子。

變身鯉魚除惡龍

玉姑

　　很久以前，龍溪河畔的鄉民男耕女織，過着安居樂業的生活。

　　有一年，不知從哪兒飛來一條大黃龍。牠作惡多端，不是呼風喚雨破壞莊稼，就是吞雲吐霧殘害生靈。更可恨的是，每年農曆六月初六，牠還強迫人們獻上一對童男童女和十頭大黃牛、一百頭豬供牠享用。要不然，牠就發怒作惡，張開血盆大口，吞噬人畜，破壞田園。

　　在龍溪河畔有一位聰明的小姑娘，名叫玉姑。玉姑年紀小，志氣卻不小。她下定決心一定要除掉這條惡龍。為此，她登上雲台山，向雲台仙子求助。雲台仙子被玉姑的誠心感動了，她告訴

玉姑：「我的法力並不能除掉惡龍。不過，離這裏千里之外有個鯉魚洞，那裏有一位鯉魚仙子，她一定能幫助你。」

於是，玉姑辭別雲台仙子，攀山涉水，歷盡千辛萬苦，終於找到了鯉魚仙子，向她說明自己的來意。鯉魚仙子對她說：「你想為民除害，是一件大好事，可是必須犧牲你自己啊！你願意這樣做嗎？」

玉姑毫不猶豫地說：「只要是為鄉親們除害，哪怕是粉身碎骨我也甘心！」鯉魚仙子見玉姑這樣堅決，滿意地點點頭。她朝玉姑噴了三口泉水。頓時，玉姑變成了一條美麗的紅鯉魚。

小紅鯉逆江而上，經過七七四十九天，終於回到了家鄉。這天正是六月初六，鄉親們已經準備好了一對童男童女、十頭大黃牛和一百頭肥豬，想獻給惡龍。玉姑忙變回原身，攔住鄉親們，說：「大家不要着急，讓我去收拾

這個害人精！」説完，她縱身跳入水裏，變成一條大紅鯉魚，一下竄進惡龍的肚子裏。她東刺西戳，把惡龍的五臟六腑搗得稀爛，惡龍拼命掙扎，不一會就斷了氣。可玉姑自己也葬身在黃龍腹中。

從此，龍溪河畔的百姓們又可以過上安居樂業的日子。他們為了紀念玉姑為民除害，在峽口半山腰修起了一座鯉魚廟。

第二章

懂事女孩

　　孝順的小麥琪為了在母親節送給媽媽一份禮物，儲了好幾個月的零用錢！窮困的格林琴對人很有禮貌，對於幫助過自己的人從來不忘說「謝謝」。還有一個小女孩，她從小沒有父母，但她靠自己勤勞的雙手養活自己，獲得了幸福……爸爸、媽媽的小公主們，這些懂事的女孩，都是大家的榜樣。從現在開始，你們要慢慢懂事起來，做一個孝順、有禮貌、勤勞的好女孩。

不一樣的康乃馨
麥琪

　　在許多人的心目中，一提起母親節，就會想起康乃馨，因為康乃馨象徵着無私的母愛。古往今來，圍繞着康乃馨，發生了許許多多感人至深的故事……

　　每到五月，街頭巷尾的商店和報刊上，都會出現慶祝母親節的海報及宣傳廣告。因為每年五月的第二個星期日，就是全世界母親的節日——母親節。在母親節這一天，人們常常會送一大束紅色的康乃馨給媽媽。

　　麥琪是一個很孝順

的小姑娘。幾個月以來，她一直想着要在母親節那天送給媽媽一份特別的禮物，為此，她已經儲了三個多月的零用錢。

母親節快到了，麥琪手裏攥*着零用錢來到一家花店。她曾經在花店門口徘徊過很多次，一直不知道該買些什麼花送給媽媽。想來想去，她決定送給媽媽紅色的康乃馨。

可是，所有的孩子都想到送康乃馨。所以每到五月，紅色康乃馨的價錢一下子便會飛漲起來，一天比一天貴。這樣看起來，等到母親節那天，紅色康乃馨的價錢就會貴得嚇人。

麥琪手裏的錢原本可以買一大束紅色康乃馨的，現在卻只能買幾枝了。擺在紅色康乃馨旁邊的白色康乃馨，除了顏色不同外，幾乎和

*攥：粵音賺。意指握住。

紅色康乃馨沒什麼分別，但價錢卻相差很遠。即使白色康乃馨便宜很多，也沒有一個孩子願意買它。因為按照習俗，如果母親還健在，就送紅色康乃馨；只有母親去世了，才能用白色康乃馨寄托哀思。

麥琪很猶豫，她不知道是不是該送白色康乃馨給媽媽，也不知道媽媽是否會喜歡，是否會因為自己送了這麼不吉利的花而生氣或責怪她，可是她真的很想送媽媽一份禮物。

考慮了很久之後，麥琪最後還是決定買那種很便宜的白色康乃馨。緊接着，小麥琪又想到一個主意。她去文具店買了一大瓶紅墨水，並把那些白色康乃馨插在裏面，偷偷地放在一個媽媽看不到的角落裏。

安靜的白色康乃馨，是一種生命力很頑強的植物。它隨遇而安，適應各種環境，什麼顏色和養料都能吸收。它似乎也像媽媽一樣，包容了一切，什麼事情都能獨自承擔，理解孩子們的處境和心意。

就這樣，一天又一天，白色康乃馨默默地吮吸着紅墨水，也默默地吮吸着孩子隱藏在白色康乃馨裏的秘密心情。

最後，在母親節那一天，「奇跡」真的發生了！白色康乃馨真的變成了紅色康乃馨。

當麥琪把紅艷艷的康乃馨遞給媽媽的那一刻，媽媽的眼裏滿是喜悅的熱淚。

那一刻，麥琪也非常高興，她那顆忐忑不安的心終於放下了。看到媽媽這樣喜歡這份獨具創意的禮物，麥琪高興極了。

媽媽撫摸着麥琪的腦袋，欣慰地説：「好孩子，媽媽今天特別幸福，因為這是媽媽收到最特別、最有心意、最有創意的母親節禮物。」

被奪去雙手的姑娘

　　從前，有一位磨坊主人，他越來越窮，除了磨坊後面那棵大大的蘋果樹外便一無所有。

　　有一天，磨坊主人到森林裏去劈柴，一個他從沒有見過的老人走過來，對他說：「你何苦這麼辛苦地劈柴呢？只要你答應把磨坊後面的東西送給我，我就讓你過上富庶的日子。」

　　「磨坊後面不就是那棵蘋果樹嗎？」磨坊主人想。「就這樣罷！」他說着便寫了一封承諾書交給那個陌生的老人。可他並不知道，那位老人其實是魔鬼變的。魔鬼接過承諾書，笑着說：「明天，我會來取走屬於我的東

西。」說完就不見了。

　　磨坊主人回到家，妻子對他說：「家裏所有的箱籠一下子全被裝滿了錢，又沒人來過，到底是怎麼一回事呀？」「是我在森林裏碰到的一個陌生人給我的。」磨坊主人回答，「他只要我們磨坊後的東西作為回報。我們把那棵大蘋果樹給他不就得了。」

　　妻子一聽便嚇壞了，說：「那一定是魔鬼！他不是要蘋果樹，他要的是我們的女兒，她正在磨坊後面打掃院子呢！」

　　磨坊主人的女兒是個美麗、善良的女孩，所有見過她的人都說她是世界上最乖巧的孩子。

　　第二天，魔鬼如約來了，可是，他卻無法對可愛的女孩施展魔法。於是，他便威脅磨坊主人說：「趕快讓你的女兒跟我走，否則我就拆掉你的房子。」

　　磨坊主人嚇了一跳，可是，他怎麼忍心讓魔鬼帶走自己的

孩子呢？於是，他自己動手拆了房子。魔鬼一見惱羞成怒，便施展魔法取走了女孩的雙手，說：「這是對你們的懲罰！」說完便氣呼呼地飛走了。

磨坊主人看着失去雙手的女兒，流着淚說：「好孩子，你為我作出這麼大的犧牲，只要你活着，我就會讓你過得舒舒服服。」可是女孩卻回答說：「不，爸爸。我想自己養活自己。」

就這樣，女孩離開了家。她走了整整一天，晚上的時候，她來到了一座果園。果園裏結滿了果實，但是她卻無法進去，因為果園被水溝圍住了。就在這時，一個天使向女孩走來，把她帶進了果園。果樹上掛滿了吸引的果實，可是女孩卻只吃了一個，便心滿意足地離開了。天使見女孩如此善良，便用法術讓她失去的雙手重新長了出來。

盡孝道代父從軍
木蘭

傳說很久以前，中國北方有一個叫花木蘭的姑娘。她年輕漂亮，武藝高強，尤其箭術超羣，勝過很多年輕的男子。

木蘭十幾歲的時候，有一天，官府裏派人給她的家送來一份文書，說邊境發生了戰爭，朝廷要召集大批男人去打仗，木蘭家也必須派一個人前去。

得知這個消息後，木蘭一家陷入了苦惱之中。懂事的木蘭更是發愁：「父親年紀那麼大了，怎能去當兵打仗呢？弟弟還年幼，更不能去啊……」木蘭很想為家人排憂

解難，可是當時根本不允許女孩子上戰場。怎麼辦呢？突然，木蘭想到了一個好辦法：「對呀，我可以女扮男裝呀，這樣不就可以代替父親去從軍打仗了嗎？」

第二天清早，木蘭就悄悄溜出家門，到街上買了一身男裝、一匹馬，還為馬配上了馬鞍、馬鞭。隨後，她換上男裝，扎了頭巾，變成了一個英俊瀟灑的少年。

女扮男裝的木蘭回到家裏，家人幾乎都認不出她。當木蘭說要替父親去從軍時，父母大驚失色，斷然不答應。但木蘭早已打定主意，她耐心地勸說父母，表明自己的心意。父母無奈，只好同意了。

於是，木蘭告別家人，隨着隊伍來到北方的邊境。她擔心自己女扮男裝的秘密被人發現，所以處處加倍小心。白天行軍，木蘭緊緊地跟着隊伍，從不敢擅自離開。夜晚宿營，她也從不脫衣服。

在戰場上，木蘭憑藉一身好武藝和過人的膽略，立下了許多戰功。

十二年後，戰爭結束了，木蘭已由一名普通士兵晉升為大將軍。

皇帝親自召見木蘭，打算封她為兵部尚書，還準備給她很多賞賜。不過，木蘭既不想當官，也不想發財，她只想得到一匹快馬，早點回家服侍父母。皇帝答應了她的請求。

年邁的父母聽說木蘭回來了，非常高興，互相攙扶着來到城外迎接女兒。弟弟也已長大成人，聽說姊姊要回來了，弟弟在家裏忙着殺豬宰羊，給凱旋歸來的姊姊做好吃的。

木蘭一回到家裏，就脫下戰袍，換回以前的女裝，梳好頭髮，大方地走出來。戰友們看到木蘭都大吃一驚。他們沒想到共同相處十二年的戰友竟然是一位漂亮的姑娘！

當神仙遇上
三姊妹

從前，有一位母親生了三個女兒。大女沒有禮貌，心地也很壞；二女雖有缺點，但比大女好得多；惟獨小女兒又孝順又乖巧。但這位母親偏偏最喜歡大女，不喜歡小女兒。她經常讓可憐的小女兒到大森林裏去，好讓她迷路，再也回不了家。但是每個好孩子都有自己的守護天使，天使沒有遺棄這位小女孩，每次都給她指引了回家的路。

一次，母親又讓小女兒獨自去森林，天使正好不在小女孩身邊，結果小女孩在森林裏迷了路。

她走啊走啊，傍晚時分，她來到一間小木屋前，敲了敲門，一位白鬍子老人給她開了門。

老人和藹地說：「孩子，進來吧，坐到火旁暖暖身子！你渴嗎？我給你弄點水來。你還沒吃晚飯吧？森林裏也沒有別的吃，我這兒只有幾根蘿蔔。」說着，他把蘿蔔遞給小女孩。小女孩將蘿蔔仔細洗乾淨，用它們熬了一鍋湯。湯做好後，老人說：「這碗湯真香，讓我喝點吧！」小女孩非常樂意地給老人盛了一大碗湯。等老人喝完湯後，小女孩才開始喝。

吃完飯，老人說：「現在該睡覺了，可我只有一張牀，你到牀上去睡吧，我就睡在地上好了。」

「噢，不！」小女孩說，「還是您到牀上睡吧！」但老人一定要小女孩睡在牀上，小女孩只好同意了。

第二天，小女孩醒來，不見了老人，只發現一個錢袋。袋子上寫着：「給昨晚在這兒睡覺的女

孩。」小女孩拿着錢袋回家，把所有的錢都交給了母親。

當天，二女興致勃勃地來到森林裏。傍晚時分，她也來到老人的小木屋。老人把蘿蔔遞給她，讓她做湯。湯做好後，老人也同樣對她說：「這碗湯真香，讓我也喝點吧。」二女說：「我們一起喝吧。」

飯後，老人說：「現在該睡覺了，我這兒只有一張牀，你去牀上睡吧，我就睡在地上。」二女說：「這牀足夠我們倆睡的，我們都睡牀上吧。」

早上，二女醒來，老人已經不見了。她在門後發現了一個小錢袋，上面寫着：「給昨晚在這裏睡覺的孩子。」女孩拿起錢袋跑回家，把大部分錢交給了母親，自己留了一點。

大女繼而也來到了小木屋。同樣地，老人給了她幾根蘿蔔。當她把蘿蔔湯做好後，老人說：「把你的湯分一點給我吧。」

　　大女卻說：「我喝飽後你再喝也不遲！」可她把湯喝得一點也不剩。

　　大女吃飽喝足後，不管老人，自己躺在牀上睡了。

　　早上，大女醒來，發現老人又不見了。她彷彿看見地上有個像錢袋的東西，就彎腰去撿，一不小心鼻尖觸到了那個東西。她挺直身後，看到另一個鼻子與自己的連在一起。她害怕極了，號咷大哭起來，但根本沒用，那鼻子伸得長長的，難看極了。

溫柔孝順好媳婦
昇平公主

唐朝末年，代宗皇帝把自己最寵愛的女兒昇平公主嫁給了大將軍郭子儀的兒子郭曖。按照郭家的規矩，每天，兒孫晚輩必須到郭子儀面前請安。由於郭曖和昇平公主居住的駙馬府離郭府較遠，所以郭子儀允許他們只在每月的初一和十五到府中問候。可昇平公主從小嬌生慣養，哪裏願意去別人家請安？每次去給公公婆婆請安，她總是拖拖拉拉不願去。為此，郭曖一肚子怨氣，但想到她是尊貴的公主，所以也沒說什麼。

二月二十五日是郭子儀的七十大壽。郭曖和昇平公主本來商量好，一早就趕往郭府為父親祝壽。可到了這天，

昇平公主卻借口頭痛，讓郭曖一個人前去祝壽。郭曖一聽氣壞了，心想：平常你拖拖拉拉，我都忍了，可今天是父親的七十大壽，你竟然推辭不去！於是他大聲吼道：「你不要仗着自己是皇帝的女兒，就自以為了不起。」聽了這話，昇平公主氣得臉色發白，她說道：「你竟然敢罵我，就不怕我父皇殺了你們全家？」

郭曖怒吼道：「你現在是郭家的媳婦，不尊敬父親，我不但可以罵，還可以打。」說着，他一巴掌打在昇平公主的臉上。

公主哪裏受得了這個氣，她哭哭啼啼地來到王宮，向父皇哭訴。代宗皇帝弄清事情的來龍去脈後，決意化解矛盾，便對昇平公主說：「郭曖說得有道理，你雖然貴為公主，但現在是人家的媳婦，孝敬公公婆婆是應該的呀！」

公主聽了皇帝的話，慚愧地低下頭。從那以後，昇平公主便變成了一個溫柔孝順的好媳婦！

愛父親如愛鹽的公主

　　從前，印度有個國王，他有三個女兒。一天，國王把三個女兒都叫到跟前，問道：「孩子們，你們到底有多愛我？」

　　大女回答：「父親，我愛你就像愛甜甜的蜜糖一樣。」

　　二女回答：「父親，我愛你就像愛那香甜的蜂蜜一樣。」

　　輪到小女兒了，小女兒想了想，回答：「父親，我愛你像愛鹽一樣。」

　　國王聽了大女和二女的回答，心裏十分高興，可一聽到小

女兒的話，生氣極了。他下令把小女兒趕出去，不准她再回王宮。

可憐的小公主來到一大片森林裏，想起自己的命運，不禁痛哭起來。她一直哭到晚上，哭着哭着就睡着了。

第二天，小公主一覺醒來，看見身旁擺着一盤可口的飯菜和一杯水，非常驚訝。她想：在這樣一個荒涼的地方，誰會是我的恩人呢？由於太餓了，她就把東西都吃了。她祈求神仙讓她遇見這位恩人。

小公主等了很久，也沒有人來。於是她站起來，去找給她送飯的人。可走了很長的一段路，她仍然沒有遇見一個人。

就在小公主準備放棄時，忽然看見森林深處有一座閃閃發光的宮殿。小公主費了很大力氣，爬過了森林裏濃密的蔓草去叩宮門。但是，沒有人答應，宮門卻自己開了，一所漂亮的房子出現在她的面前。房子後面是美麗

的花園，花園裏
有一個清澈的小湖。小
公主走進宮殿，一個房間一
個房間地走進去查看，發現裏面
一個人也沒有。

當她來到最後一個房間時，發現
裏面竟然躺着一位昏睡的王子，王子的
身上扎滿了針。「肯定是這些針讓他昏睡不
醒。」小公主想。於是，她開始給王子拔針。
小公主一刻不停地忙着，用了整整七日七
夜，終於把針全都拔走了。

王子醒來後，看見美麗溫柔的公主，一
下子就喜歡上她，並真誠地向她求婚。小公
主答應了王子的請求。她寫信邀請父親和姊姊
們來參加她的婚禮。很快，他們都來了。看

見小公主還活在人間，他們驚訝極了。

　　小公主的婚禮舉行了整整一個星期。在這一個星期裏，小公主給客人準備了各種美味佳餚，但是給她父親的只有放了糖的菜。她的父親每天吃甜菜，都吃膩了。小公主這才給父親做了一盤放了鹽的菜。這時，國王才體會到鹽的可貴，並請女兒原諒自己。

　　後來，國王還把一部分國土分給小女兒和女婿去管理。他們從此快樂地生活着。

謙讓換來的麵包
格林琴

　　美國經濟大蕭條時期，城裏有一個善良的麵包師傅。他每天都會把城裏最窮的二十個小孩叫來，和藹地對他們說：「這個籃子裏的麵包，你們一人拿一個。在上帝讓你們過上好日子前，你們每天都可以來拿一個麵包。」

　　每天早上，麵包師傅一拿來麵包，那些飢餓的孩子就會蜂擁而上，爭先恐後地圍住裝滿麵包的籃子。因為他們都想拿到最大的一個麵包。孩子們每次拿到麵包後，也忘記了向麵包師傅說聲謝謝，就匆忙跑開了。

只有小姑娘格林琴是個例外。這位穿着破舊的小姑娘，既不吵鬧，也不與其他人爭搶。她只是謙讓地站在一旁，等其他孩子都拿到了麵包之後，才將剩下的最小的一個麵包拿出來。而且，每次拿完麵包，她還不忘親吻麵包師傅的手，說一些感謝的話，然後才捧着麵包高高興興地回家。

這一天，別的孩子搶完麵包走了之後，羞怯的小格林琴拿到了一個很小的麵包。但她依然不忘親吻麵包師傅，並向他表達真誠的謝意。

回家以後，媽媽切開麵包，發現裏面竟然藏着幾枚金幣。媽媽驚奇地叫道：「這一定是麵包師傅在揉面時不小心掉進去的，格林琴，趕快把金幣送回去，要把錢親自交給好心的麵包師傅！」

「好的，媽媽。」格林琴跑着來到了麵包店。

當格林琴把金幣送給麵包師傅的時候，麵包師傅笑着說：「不，孩子，這沒有錯，金幣是我特意放進去的，是我對你的獎勵。我要告訴你一個道理：謙讓的人，上帝會給予他幸福。願你永遠保持一顆靜謐、感恩的心。回家去吧，告訴你媽媽，這些錢是上帝的獎賞。」

貧窮而富有的姑娘

　　從前，有一個女孩，從小就失去了父母。後來，村裏一個好心的老婆婆收留了她，並教她做些針線的工作來維持生活。

　　女孩十五歲那年，老婆婆突然病倒了。她把女孩叫到牀邊，對她說：「親愛的孩子，我感覺自己快不行了。我把這間小屋留給你，可以為你擋風遮雨；我把我用過的紡錘、梭子和針也留給你，你可以靠它們來糊口。」

　　老婆婆把手放在女孩的頭上為她祝福，並且對她說：「心靈要純潔，為人要誠實，幸福會降臨到你頭上的。」

　　老婆婆去世後，女孩獨自一人靠紡紗、織布生活着。幸運的是，女孩每織完一匹布，馬上就會有一個出好價錢的買主把布買走。這樣一來，女孩不僅毋需過着貧困的生

活，有時還能餘下一些錢。

當時，王子正在周遊全國。他想尋找一位既貧窮又富有的女孩做妻子。當王子來到這個村子時，村裏一位富家小姐身穿着盛裝前去行禮。王子看了看她，什麼也沒説就走了。王子來到女孩門前時，女孩正在紡紗，她發現王子正看着自己，害羞得滿臉通紅，趕緊低下頭。

王子剛走，女孩急忙跑到窗前，一把推開窗户，緊緊地盯着王子的背影，直到看不見為止。女孩重新坐到紡車前繼續紡紗，無意中忽然想起了老婆婆經常哼唱的一句歌詞，便唱了起來：「小紡錘啊，快快跑，請將我的心上人早早帶來！」女孩剛唱完，紡錘就飛快地向王子追去。王子看見紡錘，驚訝地説：「這個紡錘是想給我帶路呢！」於是，王子跟着紡錘往回走。

　　沒了紡錘，女孩只好拿起梭子繼續織布。她一邊織布一邊唱：「小梭子啊，快快跑，請將我的未婚夫早早領來！」話音剛落，梭子就從她手中蹦到門口，開始編織美麗的地氈。梭子來回跳躍着，地氈很快就織好了。上面繡着盛開的玫瑰和百合花，中間是綠油油的葡萄藤，許多小動物在藤間探着小腦袋。

　　沒有了梭子，女孩又拿起針縫衣服。她一邊縫一邊唱道：「小針啊，你來看，他馬上就到，請將我的小屋子啊，快整理好。」女孩剛唱完，縫衣針立刻從她手裏躥了出去，開始在屋子裏飛來飛去。

　　不一會，桌子和凳子上罩上了綠色的織錦，牀上罩上了天鵝絨，窗戶掛上了絲綢窗簾。縫衣針剛整理完屋子，王子就趕到了。

他踏着地氈走進小屋，看見穿着樸素的姑娘站在富麗堂皇的小屋裏，就像一朵盛開的玫瑰。

　　王子激動地説：「你就是那個最貧窮又最富有的姑娘，你願意做我的妻子嗎？」女孩沒説話，只是將手伸給了王子。王子帶着她回到王宮，舉行了盛大的婚禮。

第三章

機智女孩

　　完美女孩有一個優點，那就是機智。機智可以使她們擺脫困境，避過危險；機智也可以幫她們完成心願，取得成功。就像聰明的法蒂瑪那樣，用機智戰勝了邪惡的巫婆；就像機靈的蘭姐那樣，用機智保護了主人的財產；就像聰穎的小女孩那樣，用機智拯救了自己的生命……

女孩大鬥毒巫婆
法蒂瑪

　　從前，有個小姑娘名叫法蒂瑪，她既美麗又聰明。有一天，她和五個朋友一起到森林裏玩，走着走着，不小心迷路了。天慢慢黑了下來，一個老太婆突然出現在他們面前。

　　這個老太婆長得很醜，還裹着一條黑頭巾。她見到法蒂瑪和她的朋友，便不懷好意地笑着說：「哦，六個，一共六個，這可太好了。我可要先填飽你們的肚

子！」說着，她笑嘻嘻地拿出漂亮的蛋糕，說：「哈哈，六個可愛的小朋友，快來嘗嘗我的蛋糕吧。」

法蒂瑪看看蛋糕，又看看老太婆，悄悄對朋友們說：「別吃，她很可能是個巫婆。」

接着，法蒂瑪假裝難為情地說：「謝謝您，老婆婆！這蛋糕有點乾，我們到河邊取點水來再吃，好嗎？」

「不行，不行，如果讓你們到河邊去，你們會從那兒溜走的。」老太婆說。

法蒂瑪撇了撇嘴說：「難道你不會用繩子把我們一個個綁起來嗎？那樣，我們就跑不了啦！要不然，你去河邊給我們打水也行！」

老太婆想了想，說：「好，我就把你們一個個綁起來。那樣，我只要拉一拉繩頭，就知道

你們還在不在。」

於是，老太婆把六個孩子一個個綁起來，然後讓他們去河邊打水，自己則坐在火堆邊，一會兒拉拉這個繩頭，說：「嗯，還在！」一會兒又拉拉那個繩頭，說：「哈，這個也在！」她不知道法蒂瑪早已幫大家把綁在身上的繩子解開，繫在樹上了！

老太婆等了半天，不見孩子們回來，便起身去河邊尋找，哪裏還有孩子們的蹤影呢！老太婆發現自己上當後，非常氣憤。她一邊追趕，一邊狂叫着：「小傢伙們，你們竟敢欺騙我，看我把你們一個個都捉回來！」說着，她唸起了咒語：「在他們面前出現一條大河，河裏有條大鱷魚。」

法蒂瑪和朋友們拚命地向前跑，眼看老巫婆就要追上來，前面突然出現了一條大河，擋住了他們的去路。

法蒂瑪眼尖，一下就看到河中的鱷魚。她高聲向鱷魚叫道：「大鱷魚，請將我們背過河吧。」

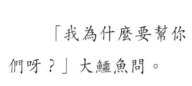

「我為什麼要幫你
們呀？」大鱷魚問。

　　「如果你能送五個人過
去，」法蒂瑪想了想說，「那麼你
可以吃掉第六個。」鱷魚一聽，覺得很
划算，便答應了。

　　當牠將第五個小孩背過去後，興奮地說
道：「現在我要吃掉第六個啦！」這時，巫婆出
現了，她一下子跨上大鱷魚的背。大鱷魚將她帶到河中
間，說道：「這是第六個。」於是，牠張開大嘴將巫婆吃
掉了。

　　法蒂瑪呢？她早就緊緊地拉着鱷魚的尾巴，跟着第五
個小孩過河了！

聰明而深情的農家女

從前有一個貧窮的農民，他沒有農田可耕，只有一所小房子和一個女兒。一天，女孩對爸爸說：「我們應當求國王給我們一塊地。」於是，農民就去求見國王。國王得知他們過着貧窮的生活後，就給了他們一塊土地。

女孩和爸爸在翻地鬆土時，發現了一個金鉢。爸爸對女兒說：「我們的國王很仁慈，送了我們這塊土地。作為回報，我們該把這個金鉢獻給他。」然而，女兒卻說：「爸爸，我們有鉢卻沒有杵*，

＊杵：粵音柱。古時舂米的工具。

國王可能會懷疑我們偷了杵，所以您還是別吭聲。」

　　但農民不聽女兒的話，拿着鉢就去見國王。結果如女孩所料，國王認為農民私藏了金杵，把他關進了監獄。

　　從此，獄卒們每天都會聽到農民大聲嚎哭：「唉，要是我聽女兒的話就好了！」於是，獄卒們告訴國王：「農民總是大叫：『唉，要是我聽女兒的話就好了！』」

　　國王命獄卒把農民帶來，問他：「你女兒究竟説了什麼？」

　　農民回答：「她告訴我不要把那金鉢送來，因為您一定會要我再去找金杵。」

　　國王説：「要是你的女兒這麼聰明，就讓她到我這裏來一趟。」

　　農民的女兒奉命來見國王。國王給她出了個謎語，並承諾：如果她能猜到，自己就會娶她做王后。農民的女兒表示同意。國王説：「你到我

這兒來，既不能穿衣服，也不能光着身子；既不能騎馬，也不能走路。」

農家女回去後，脫光了衣服，這樣她就沒穿衣服了。然後，她鑽進一張大漁網，並一圈一圈地用網裹滿全身，這樣她就不是光着身子了。她又把漁網繫在先前租來的驢尾上，讓驢拖着她走，這樣她就是既沒騎馬也沒走路。

當農家女這樣來到國王面前時，國王認為她滿足了所有條件，於是釋放了她的父親，讓她做了自己的王后。

幾年過去了，一天，國王外出，遇見了一件事：有個農民的馬生了一隻小馬駒，小馬駒落地後跑到了另一個農民的牛棚那裏，那個農民想把小馬駒留下，就說是他的牛生了這隻小馬駒。他們爭吵不休，便請國王判決。國王說：「現在小馬駒在誰那裏就該屬於誰。」這樣，那個農民得到了不屬於他的小馬駒，而另

一個農民卻失去了本該屬
於他的小馬駒。

受委屈的農民聽說王后非常聰
明，就請求她幫忙。王后於是想了辦法幫農民討回小馬
駒。國王知道後很生氣，要把王后趕走，但允許王后帶走
一樣她認為最心愛、最珍貴的東西。

王后說：「在我走之前，我們能共進最後一餐嗎？」
國王同意了。他剛吃完，便沉沉地睡去了。國王這一覺睡
了一日一夜，醒來後他發現自己來到了一個陌生的地方。

「這是哪兒？」他叫道。這時，王后走過來，說：
「你允許我帶走我認為最珍貴的東西，我覺得沒任何東西
比你更珍貴了，所以我在你的飯裏放了安眠藥，把你帶到
了我的家裏。」國王感動極了，連忙說：「親愛的，你還
是當我的王后吧！」

替父贖債的機智少女

　　從前，有個商人做生意虧了本，欠了一個債主一大筆錢。債主看上了商人美麗可愛的女兒，便要求商人用女兒來抵債。

　　商人聽到債主的要求後，十分恐慌，不知道怎麼辦。狡猾的債主假裝好心對商人說道：「你不必擔心，我們就完全聽從上天的安排吧！我將在空錢袋裏放入一顆黑石子和一顆白石子，讓你的女兒從裏面摸出其中一顆。如果她摸出的是黑石子，那麼她就必須嫁給我；如果她摸出的是白石子，那麼她不但可以回到你的身邊，而

且就連你欠我的債也一筆
勾銷。但是，如果她拒絕伸手
摸石子，那麼我就會告上法院，
說你欠我一大筆錢，那時候你就得坐
監了。」

　　雖然不情願，商人的女兒還是答應試
一試。當時，他們正在花園中鋪滿小石子的
小路上。達成協議後，債主隨即彎腰拾起兩顆小石
子，放入錢袋裏。商人的女兒發現，債主竟然拾起了兩顆
黑色的小石子！她突然有了主意。她冷靜地把手伸入債主
錢袋裏，漫不經心地摸出一顆石子。突然，她手一鬆，石
子滾落到路上的石堆裏，分辨不出是哪一顆了。

　　「天哪！我真的太笨手笨腳了！」女孩說道，「不過
沒關係，現在我們只要看看袋子裏剩下的那顆石子是什麼
顏色，就可以知道我剛才選的那一顆是黑還是白了。」當
然，錢袋裏剩下的石子一定是黑色的。狡猾的債主肯定不
會承認自己的詭計，所以只好承認商人的女兒選的是白石
子啦！

蠟燭擒賊護主人
小丫鬟蘭姐

從前有個員外*，家裏非常富有。一天半夜，員外家突然闖進來一羣強盜。當時，員外和夫人都已睡了，只有僕人們還在忙碌着。強盜把府裏所有的僕人都綁了起來，逐個逼問金銀財寶藏在哪裏。僕人們不肯出賣主人，都不肯説給強盜聽。

強盜見問不出什麼，就提刀要去找員外。小丫鬟蘭姐見強盜要去驚動主人，急忙站出來説：「等等，我是管庫房的丫頭。你們不就是要金銀財寶嗎？跟我來吧。」説着，蘭姐帶着強盜來到庫房，然後點亮屋裏的蠟燭。借着蠟燭的

*員外：官銜名稱，古稱財主、富豪。

光亮，強盜們看到滿屋子都是金銀財寶，不由得心花怒放。他們拚命往口袋裏裝財寶，蘭姐則手拿蠟燭，幫他們照明。

第二天，員外得知家中被盜，而蘭姐還引賊入庫，十分惱怒，僕人們也大罵蘭姐貪生怕死。

這時，蘭姐走到員外面前，說：「老爺別着急，當時強盜逼問我們財寶在哪裏，開始我們都不說。那班強盜就拿着刀要來找您，我怕他們傷害您，所以才將他們引到庫房。趁他們搶東西時，我拿着蠟燭假裝給他們照明，已將蠟油滴到他們身上，做了記號。憑這個，我們就可以將他們全部抓住。他們走後，我已經偷偷到官府報了案，估計這時候他們已經落網了。」

員外此時才恍然大悟，連誇蘭姐聰明。沒過多久，官府果然派人來送信，說強盜已經全被抓住了。

死神與女孩的數學題

　　一天，一個小女孩正在做功課。這時，死神來到她面前，對她說：「小姑娘，跟我走吧，你的生命已經到盡頭了。」

　　「請等一會，」小女孩說，「讓我先做完功課吧。」

　　「那好吧。」死神說，「功課當然很重要。你快點做吧，我等着你。」

　　看着死神蒼老疲憊的樣子，小女孩讓他先休息一會，自己則繼續做功課。「$5 \times ? = 40$　$5 \times 8 = 40$　$3 \times 6 = ?$　$3 \times 6 = 16 \cdots\cdots$」

　　「錯了，錯了。」死神說，「應該是18。」

　　「是16，沒錯。」小女孩堅持道。

「是18。」死神重複了一遍。

「你是怎樣算出來的？」小女孩問道。於是，死神耐心地給她講解起來。

「謝謝！」小女孩一邊說，一邊繼續做算術題。死神仔細看着，不時地點點頭。

「6×7等於多少呢？」小女孩問，「這個我經常忘記。」

「42。」死神回答。

「對呀。」小女孩說，「那麼9×8等於多少，你能告訴我嗎？」

死神想了很久。「9×8＝？我忘記了。」他很坦白地說。

「你以前的算術很好吧？」小女孩問。

「是啊。」死神有些不好意思地說，「我那時候是班裏的尖子。可現在，好多都忘記了……」

「這樣吧，」小女孩建議說，「明天我去問問老師，他肯定知道答案。等你明天晚上再來的時候，我再告訴你。」「你真是個好孩子。」死神說道，「現在，我該走了。」說着，他站起身，去到走廊上，並大聲說：「明天，你可真的要和我走了。」

「唉！」小女孩望着死神的背影，歎了一口氣。

第二天同一時間，死神又來了。小女孩告訴他：「我問過老師了，$9 \times 8 = 72$。」死神笑着說：「對了，就是72！」

小女孩說：「你現在又是算術最好的人了。」死神看着小女孩那張稚嫩可愛的小臉，帶走她的決心一點點動搖起來。

小女孩說：「老師又給我們留了作業，明天要檢查的。我得先做完作業才能跟你走。」死神只好又幫小女孩做作業，他們又遇到了新的難題……

妙計逃離大黑熊
瑪莎

　　從前，大森林附近生活着一個老爺爺和一個老祖母，他們有一個聰明可愛的孫女，名叫瑪莎。

　　一次，瑪莎和小朋友約好一起去森林裏採蘑菇和漿果。出門前，老爺爺和老祖母叮囑瑪莎說：「森林那麼大，你可要緊緊跟着你的朋友們，不要迷路啊。」

　　大家一起出門，可高興了。他們一路走一路唱，不一會就到了大森林裏。這森林好大呀！森林裏好美呀！一眼望過去，樹下是一大片一大片五顏六色的野花，路兩旁的樹枝上結滿了紅紅的漿果。

　　每個小朋友都忙着採摘蘑菇和漿果，顧不上説話。小瑪莎沿着一條小路採蘑菇，走不了一會，就跟他們走散了。看不見他們，瑪莎可着急了。她開始呼喚朋友們，可喊了一遍又一遍，仍然沒有聽到他們的回應。瑪莎只好順着森林的小路往前走——她完全迷路了。走了好一會，在密林深處突然出現一座小木屋。

　　瑪莎敲了幾下門，沒有人應。她一推，門就開了。瑪莎走進小木屋，發現裏面有生火的爐子、做飯的鍋、睡覺的牀、喝水的杯子等，可是一個人也沒有。瑪莎坐在窗户旁邊的長凳上。她想：「誰在這裏住呢？為什麼一個人也沒有看到呢？」其實，這座小木屋的主人不是人，而是一隻大黑熊，此刻牠正在森林裏散步呢！但瑪莎並不知道。瑪莎感到很累，她坐了一會兒，就靠在窗户上睡着了。

傍晚時分，
大黑熊回來了。他叫
醒熟睡的瑪莎，然後高興
地說：「啊哈！現在你哪裏都不
用去了，就在我這兒住下吧。你去
生爐子取暖、煮湯，還要餵湯給
我喝。」

　　就這樣，瑪莎在大黑熊的小木屋裏
住了下來。為了不讓瑪莎逃走，大黑熊威脅她
說：「如果你離開這裏，無論如何我都會把你抓
回來的。」瑪莎感到很害怕。她很想念爺爺和祖母，
便打定主意想辦法逃走。

　　一天，瑪莎烙了一塊很大的餅，把它放在一個大籃子
裏，然後對大黑熊說：「我太想念爺爺和祖母了，可是你
不放我走。所以麻煩你把這塊餅送給他們吃吧。」

　　「好吧。」大黑熊答應了。瑪莎又說：「你先去外面
看看有沒有下雨。」趁大黑熊出門的時候，瑪莎立刻鑽進
籃子，躲在了大餅下面，然後再在餅上蓋了一塊布。

　　大黑熊覺得天氣不錯，就返回屋裏，拎起籃子出發了。他走了很久，終於來到了瑪莎的祖母家。

　　「快開門！我是大黑熊，從森林裏給你帶禮物來了。」大黑熊説。

　　祖母家的大狗嗅到了大黑熊的氣味，立即撲了出來。大黑熊嚇了一跳，放下籃子就跑回森林了。

　　祖母走到門外，發現了籃子。瑪莎突然從籃子裏跳了出來，一把抱住了她。祖母嚇了一跳，仔細一看，原來是機靈的小瑪莎！

第四章

勇敢女孩

　　面對困難和危險，是選擇逃避還是坦然去面對呢？請看看完美女孩會怎樣做吧！當父親被朝廷抓起來時，小姑娘杏兒敢於面見皇上，指出皇上的錯誤；當強盜在村子裏搶奪財物時，小泰萊莎敢於和強盜搏鬥；得知哥哥們變成烏鴉後，小姑娘不怕困難，獨自去尋找他們……

遲熟桃子救愚父
杏兒

　　從前，有個姓趙的員外在自家門前種了一棵小桃樹。那桃樹自從種下後便健康成長，最後長成了一棵枝繁葉茂的大桃樹。按理說，桃子是夏天成熟的水果。可這一年，由於氣候異常，桃子熟得非常慢，直到冬天才完全成熟。趙員外摘下桃子，心想：「桃子在寒冬中成熟可是好東西，我得把它們獻給皇上，說不定還能得些賞賜呢！」

　　趙員外有兩個女兒，大女桃兒長得花容月貌，二女杏兒卻相貌醜陋，常常受到別人的

嘲笑，被人稱為「醜女」。
趙員外很喜歡桃兒，卻不喜
歡杏兒，因此對她們倆的態
度也截然不同。每次桃兒
有什麼主意，趙員外都會贊
同，而對杏兒提出的建議卻
經常不理不睬。他不知道，
杏兒雖然長得不好看，腦子
可十分機靈呢！當員外對

兩個女兒説出獻桃的主意時，桃兒馬上説「好主意」，杏
兒卻不同意，她説：「今年因為天氣的原因，桃子長得特
別慢，所以到冬天才成熟。如今，爹爹你要把桃子獻給皇
上，如果皇上明年還問我們要，到時我們拿不出來怎麼辦
呢？」

　　趙員外哪裏聽得進杏兒的話，他還是把桃子獻給了
皇上。皇上見了桃子果然歡喜，立即給趙員外封了一個小
官。趙員外樂得眉開眼笑，心想幸虧當時沒聽杏兒的話。

　　轉眼間，新一年的冬天又到了。皇上派人來問趙員

外，說自己又想吃桃子，怎麼還不按時進貢？趙員外這下傻眼了，他只得如實告訴皇上派來的人，自己家的桃子今年夏天就成熟了，沒能存放到冬天啊。

那人回到京城以後，向皇上回稟了趙員外的話。皇上一聽，不禁大發雷霆，當即派人捉拿趙員外。

趙員外見到捉拿他的人，立即嚇傻了。等他清醒過來，連連後悔沒聽杏兒的勸告，可後悔已經來不及了。趙家的人見皇上派人來抓員外，全都慌了，桃兒更是不知該怎麼辦。還是杏兒膽大，她連忙高呼「冤枉」，並聲稱如果自己能見到皇上，就能讓皇上吃到桃子。

原來，杏兒知道天氣不能總如去年那麼反常，就在後山背陰處移栽了幾棵桃樹。這時，桃樹開花

後，果實就可以長得慢一些。杏兒守在山上，用自己親手織的草簾子遮光擋雨；桃子成熟後，她怕蟲咬鼠盜，又用草蓋住，好不容易才把幾個桃子保存下來。

　　皇上派人取得桃子，這才轉怒為喜，打算賞賜杏兒。杏兒對皇上說：「民女不怕陛下怪罪，還想冒死說幾句話。」

　　「什麼話，說吧。」皇上說。

　　「是這樣，」杏兒說，「那桃子本是夏天成熟的，可陛下硬要它在寒冬成熟。我今年獻桃免罪受賞，可如果明年獻不出來呢？這樣下去，誰還敢把好東西獻給陛下呢……」皇上聽了，覺得有理，便立刻降旨放了趙員外，也不再提進貢桃子的事了。

敢於對抗壞皇帝
花邊姐姐

　　從前，寨子裏有一個美麗又手巧的姑娘。她很會織花邊，織出的花草鳥獸光彩耀眼，栩栩如生，因此，人們都叫她花邊姐姐。皇帝聽說了又美又巧的花邊姐姐後，打算讓她做自己的妃子，便立刻帶着人馬來搶。花邊姐姐哪裏肯去，皇帝只好讓人把她生拉硬扯地拖進了花轎。

　　花轎進了王宮，花邊姐姐死也不肯下轎。皇帝來拉她，她就狠狠地咬了皇帝一口。皇帝惱羞成怒，把

花邊姐姐關進了牢房。

第二天，皇帝到牢房來勸花邊姐姐：「你留在王宮裏，我擔保你有享不盡的榮華富貴！」

花邊姐姐聽了皇帝的話，大聲說道：「我不要榮華富貴，我只想回到我的家鄉。」

皇帝見花邊姐姐如此堅決，就笑眯眯地對她說：「聽說你的花邊織得很好，不知是真是假。如果你能在七天之內給我織出一隻活公雞，我就放你回去。」

於是，花邊姐姐流着眼淚在牢房裏日夜趕織公雞。到了第七天，公雞織成了，花邊姐姐咬破手指後把血滴在雞冠上，只聽「喔」的一聲，公雞活了。

皇帝見到那隻活蹦亂跳的公雞，不禁目瞪口呆。可他又改口說：「這是王宮裏的公雞，不是你織的。從今天起，再限你在七天之內給我織一條活龍。不然，你就必須

永遠留在王宮裏。」

　　花邊姐姐含着眼淚，又日夜趕織起來。第七天，小龍織成了，她又咬破指頭把血滴在小龍的身上。突然，只聽一聲巨響，小龍活了。

　　花邊姐姐摸着小龍説：「小龍啊，雖然你活了，可皇帝還會改口的，不如我們跟他拚過！」小龍點了點頭。

　　就在這時，皇帝來到了牢房。小龍張開大嘴，噴出一個個大火球，把皇帝和大臣們全燒死了。然後，牠背起花邊姐姐飛到天庭去了。

　　在天上，花邊姐姐照樣辛勤地織着花邊。傳説，每天晚上天上那些五彩繽紛的晚霞就是她織成的。

七隻烏鴉的妹妹

從前，有個美麗的女孩，因為父母對她非常疼愛，她生活得很快樂。

一天，女孩聽到村裏的人議論：「這個女孩多漂亮啊，可她的七個哥哥卻因為她而遭到了不幸。」女孩聽了，趕緊跑回家問媽媽。媽媽見事情瞞不下去，就告訴她真相。原來，女孩出生時又瘦又小，父親怕她活不了，就讓兒子們去井裏打水，打算給她洗禮。七個哥哥都搶着去打水，可他們在打水時不小心把水桶掉進井裏，不敢

回家。父親見孩子們遲遲不回來，忍不住生氣地說：「這些貪玩的孩子，一定是忘了打水，把他們都變成烏鴉才好呢！」他的話音剛落，頭頂上就傳來一陣呼啦啦的叫聲。父親抬頭一望，只見七隻烏鴉飛上天空，不一會就沒了蹤影。父親想收回自己的詛咒，可是已經來不及了。

女孩覺得十分內疚，她決定瞞着父母出去尋找哥哥們，她要不惜一切代價使他們重返家園！

女孩隨身帶了母親的一枚小戒指作為紀念，又帶了一塊麵包和一罐水，還帶了一把小椅子，走累了可以歇歇。

女孩不停地走啊，找啊，一直走到大地的盡頭，找到太陽那兒。可是太陽太熱了，好像要吞掉她似的，女孩趕快逃開了。小女孩又來到月亮那裏，月亮十分陰森可怕。她發現小女孩，便說：「我聞到了人肉的味道。」小女孩飛快地跑開了。

最後，小女孩來到了星星那兒。星星們

對她很友好，還送
給她一個小木塊。它
們對小女孩説：「你的
哥哥們都在玻璃山，這塊
小木是玻璃山城堡的鑰匙。」

　　女孩接過小木塊，包在一塊小手
帕裏。然後，她謝過星星，歷經千辛萬苦，終於來
到玻璃山。見門鎖着，小女孩準備拿出小木塊開門，可她
打開小手帕，裏面卻什麼也沒有！這可怎麼辦呀？

　　小女孩心急如焚。為了救哥哥，她將小指頭插進鎖
孔，因為小指頭正好和丟失的小木塊一樣大小。大門打開
了！

　　小女孩走進城堡，迎面遇到了一個小矮人。小矮人
説：「我的孩子，你來這裏做什麼？」

　　「我找我的哥哥們，就是那七隻烏鴉。」小女孩回答
説。

　　「烏鴉先生們不在家，你要是願意等他們回來，就
進來等吧。」小矮人又説。小女孩隨小矮人走進烏鴉們的

屋子。不一會，小矮人端來一些吃的和喝的，分別放在七個小盤子和七個小杯子裏，女孩從每個小盤子裏吃了一小塊麵包，從每個杯子裏喝了一口水，並把戒指放進最後一隻杯子裏。不一會，七隻烏鴉回來了，女孩連忙藏了起來。一隻烏鴉喝水時，發現了那枚小戒指。牠驚訝地叫道：「這是媽媽的戒指！如果小妹妹在這兒，我們就得救了。」

女孩聽到這裏，趕緊走了出來。這時，詛咒解除了，七隻烏鴉又變回了人。兄妹們開心地擁抱在一起，高興地回家了。

不怕強盜救村民
泰萊莎

　　小泰萊莎是一個聰明可愛的小姑娘，她和爸爸、媽媽、祖母快樂地生活在一起。

　　不幸的是，戰爭爆發了，小泰萊莎的爸爸被抓去當兵，再也沒有回來。

　　小泰萊莎見媽媽和祖母整天哭個不停，就好奇地問道：「你們為什麼哭呀？」

　　「我可憐的小泰萊莎，」祖母回答說，「你的爸爸再也回不來了。」「那怎麼行？」小泰萊莎叫道，「爸爸多好呀，我最愛他。我馬上給國王寫封信，讓他把爸爸還給

我們，我們一步也不能
離開爸爸！」

「國王不可能把你的爸爸
還給我們了，」祖母說，「國王派他去
打仗，現在戰爭結束了，國王打勝了，但你
的爸爸死了。」

小泰萊莎傷心極了。她覺得大人的世界很殘酷，
就難過地說：「我不要長大了。」沒想到，她的話變成了
現實，當其他小朋友都長大時，小泰萊莎依然保持着原來
的樣子。於是，「不肯長大的小泰萊莎」這個綽號從此就
傳開了。

後來，小泰萊莎的媽媽因為悲傷過度，得了重病，
住進了醫院。這樣一來，家裏的工作都壓在年邁的祖母身
上。祖母說：「小泰萊莎，你要是長大一點，能幫我做事
就好了！」

小泰萊莎說：「那好吧，我就長大一點，能幫祖母工
作就行了。」

說來也真怪，小泰萊莎真的長大了那麼一丁點兒，能

夠幫祖母工作了。祖母讓小泰萊莎叉點草料給母牛吃，可
是小泰萊莎卻提不起草叉，她只好又讓自己長大一點兒。
現在，她和其他的女孩一樣高了。

後來，祖母去世了，媽媽仍然住在醫院裏，家裏的
工作全落在小泰萊莎身上。小泰萊莎只好又讓自己長高一
點。現在，小泰萊莎已經成為村子裏最高大的女孩了，可
人們還是習慣叫她「不肯長大的小泰萊莎」。她利用自己
的身高和力氣，幫助村子裏的人做了很多好事。

有一天，從山上走來一個全副武裝的強盜，他一進
村，就大肆掠奪村民們的財物。

「快，大家快聯合起來！我們人多，
強盜只有一個，我們可以對付他。」
小泰萊莎對村民們說。

「強盜雖然是一個人，但
是他有槍呀！」男人們害怕地
說，「我們最好還是滿足他
的要求吧。」

「既然這樣，就讓我來

對付他好了！」小泰萊莎說。

說完，小泰萊莎跑回家，站在鏡子前，大聲叫道：「我還要再長大，我要成為和煙囪一樣高的巨人！」話音剛落，她就飛快地長起來，一直長到和煙囪一樣高。

當強盜看到一個巨人出現在眼前時，嚇得丟掉槍，拔腿就跑。但小泰萊莎只跨出一步，就把他抓住了。接著，小泰萊莎把強盜掛在高高的鐘樓頂上，用命令的口氣說道：「你就待在這裏吧，直到警察把你抓起來為止。」強盜嚇壞了，拼命掙扎，結果從鐘樓上掉下來，摔死了。

小泰萊莎懲治完強盜，便朝家裏走去。這時，奇妙的事情發生了。

她每走一步，身體就縮小一點，最後變得和普通女孩一樣高了。不過，她要比村裏的其他女孩漂亮得多。

藏女無懼鬥魔鬼
丹瓊

很久很久以前，藏族地區有個美麗活潑的姑娘，名叫丹瓊。丹瓊美麗得就像婀娜*的玉竹，純潔得好像透明的水晶。她住在碧綠的林子裏，每天編織着雪白的毛氈。

一天，丹瓊正坐在窗台前編織毛氈，一個魔鬼路過她家門口，聽見屋子裏有個老婦人喊道：「美麗能幹的女兒丹瓊啊，快來吃飯。」魔鬼立刻躥到擺滿鮮花的窗台上偷看，只見一個穿着金花藏袍的姑娘慢慢站起身，

*婀娜：婀，粵音屙。柔順美麗的樣子。

121

一步一步地從樓梯上走下來。魔鬼起了邪念，化做一陣妖風從門縫裏鑽進來，並將一塊石頭變成金塊。魔鬼拿着金塊，向老婦人提親。

老婦人說：「我的女兒還小呢，不打算嫁人。」

魔鬼說：「你不答應，我就哭。」說罷，它瞪起兩隻大眼睛，哇哇地哭起來，眼淚流呀流呀，流滿整間屋子。

老婦人沒有辦法，只好勉強答應了。魔鬼收起了眼淚，說：「這就對了！後天太陽升起的時候，我就來接丹瓊。」

第三天，魔鬼果然來了。老婦人雖然捨不得，但沒辦法，只好讓它把女兒帶走了。

魔鬼帶着丹瓊來到一座城堡前。一個面目猙獰的老太婆正坐在門口的樓梯上，用頭髮編織毛氈。魔鬼將丹瓊帶入城堡，從此以後，丹瓊就成了魔鬼的妻子。

魔鬼每天早出晚歸。他把
丹瓊鎖在城堡裏，把鑰匙交給了
那個兇惡的老太婆。城堡裏又空
曠又陰森，丹瓊暗暗發誓，一定要
找機會逃出去。可怕的日子一天天過
去了，丹瓊已經在魔鬼的城堡裏待了
整整二十九天。

　　第三十天，看門的老太婆打起了瞌睡。丹瓊
知道機會來了！她偷偷取下老太婆腰間的鑰匙，打開一扇
又一扇緊鎖的鐵門。突然，她被眼前的場景嚇呆了。在一
個大房間裏堆滿了人肉和人骨，地上橫七豎八地躺着許多
女人，有年老的，有年輕的。她們的臉就像枯樹葉，身體
就像乾木頭，如果不是眼睛還能轉動，丹瓊還以為是一屋
子的死屍呢！

　　丹瓊壯起膽子問道：「大姐姐，你們是誰？為什麼躺
在這裏呀？」

　　過了很久，才有一個女人有氣無力地說：「我們都
是魔鬼的妻子，和他結婚一個月後，就被送進這間鐵屋子

關了起來。他每天從我們身上吸走一碗血，來滋補它的身子。」

丹瓊一聽，連忙說：「現在魔鬼不在家，我們一起逃走吧！」丹瓊把女人們帶出鐵屋子，幫她們離開，然後她才匆匆忙忙地逃走。

魔鬼得知丹瓊逃走後，一路追過來，直到把她逼上懸崖。就在丹瓊準備跳下懸崖時，忽然來了一隊人馬，原來是一個英俊的王子打獵經過這裏。他連忙拉住丹瓊，擋住魔鬼。隨後，王子從頭髮裏取出一粒白青稞*，朝天空一扔，白青稞馬上變成了一座雪山，把兇惡的魔鬼壓在山下。丹瓊和王子一起回到王宮，從此過上了幸福的生活。

*稞：粵音科。大麥的一種。

銜石擔枝填東海
精衞

　　傳說，女娃是上古時期炎帝最寵愛的小女兒。從小，女娃就有一個願望，希望父親能帶她到東海——太陽升起的地方去看一看。可是，炎帝太忙了，從太陽升起忙到太陽落山，日日如是，一刻也沒有空閒。於是，女娃便離開了家，獨自前往東海。

　　翻過一座又一座高山，蹚*過了一條又一條大河，女娃終於來到了東海邊。那是一個早上，一輪朝陽從東海中噴薄而出，在海面上撒下萬道金光。真是太美了！女娃興奮極了，她忍不住跳進水裏，歡快地游起泳來。她不知不覺地游到了大海深處。誰知，就在這時，天色突然變了！

*蹚：粵音湯。踩進爛泥或於淺水上行走。

大片的烏雲從天邊湧過來，四周陷入一片黑暗。東海開始咆哮，掀起滔天巨浪。女娃奮力向岸邊游去，突然一個巨浪打來，把女娃捲進了深深的海底。

幾天後，一隻小鳥在女娃沉沒的地方破浪而出，牠長着白白的長喙、纖細的腳爪，身披黑色羽毛，頭上還生長着漂亮的紅色羽冠，人們把牠叫做精衞。傳說，精衞就是女娃的靈魂變成的。牠痛恨東海奪走了自己的生命，發誓要填平東海。

從此，精衞就住在布滿荊棘的發鳩山上。每天太陽還未出來時，精衞已經銜着小石子或小樹枝，飛到東海上空，把石子或樹枝投下去。

東海發怒了，他問精衞：「你一天又一天不停地扔石子、樹枝，你為什麼這麼恨我？」

精衞憤怒地說道：「因為你奪走了我年輕的生命，並且還會奪走千千萬萬像我一樣的生命！」

東海大笑起來：「小鳥，你有沒有想過，你的力量微不足道，而我卻是強大而有力的。就算再過一千年、一萬年，你也填不平我！」

「不，我要填！我要一千萬年、一萬萬年地填下去！只要我永不停歇，總有一天會把你填平的！」精衞看着咆哮的東海，堅定地說。然後，牠又飛回發鳩山，銜起一顆石子，投進了東海。

就這樣，日復一日，年復一年，精衞循環往返，銜木石以填滄海，從來也沒有停止過。

完美女孩 成長故事

責任編輯：朱維達
美術設計：李成宇、陳雅琳
出　　版：新雅文化事業有限公司
　　　　　香港英皇道499號北角工業大廈18樓
　　　　　電話：（852）2138 7998
　　　　　傳真：（852）2597 4003
　　　　　網址：http://www.sunya.com.hk
　　　　　電郵：marketing@sunya.com.hk
發　　行：香港聯合書刊物流有限公司
　　　　　香港新界大埔汀麗路36號中華商務印刷大廈3字樓
　　　　　電話：（852）2150 2100　　傳真：（852）2407 3062
　　　　　電郵：info@suplogistics.com.hk
印　　刷：中華商務彩色印刷有限公司
　　　　　香港新界大埔汀麗路36號
版　　次：二〇一二年四月初版
　　　　　二〇一八年八月第四次印刷

本書由浙江教育出版社授權出版繁體字版

ISBN: 978-962-08-5545-0